U0111745

大展好書　好書大展
品嘗好書　冠群可期

大展好書　好書大展
品嘗好書　冠群可期

截拳道入門

3

截拳道

擒跌技法

舒建臣　編著

大展出版社有限公司

前言

　　自從香港武術大師李小龍先生創立了截拳道功夫以來，影響巨大，在國際武壇上享有盛譽。近些年來，截拳道在中華大地上也得到了蓬勃發展和廣泛傳播，在廣大青少年中掀起了一股學習截拳道的熱潮。

　　人們不禁要問，中國是中華武術的故鄉，其內涵極為豐富，各門各派，千姿百態，足以讓任何一位有心學武之人眼花撩亂，難作決斷。然而為什麼人們還會對截拳道這種既有中華武術的內涵，又借鏡了諸多西洋拳法的技術特點的功夫門類如此青睞呢？

　　依筆者的多年實踐體驗，截拳道歸根結底還是從中國武術這棵大樹上衍生的一株新枝，但它又不同於中國道統武術，它在許多方面已經跳出了道統武術的規範與限定，體現出時代的進步。從截拳道的學習和認識中，人們依舊可以充分了解武術的基本理念，而且從運動訓練中不僅獲得實戰搏擊的能力，還使自己的身心同時得到更好的鍛鍊，從實際效果上看，在諸多武技流派中是出類拔萃的。

　　截拳道不僅僅教會人們在健身或者搏擊中一招半式的技巧，還強調在練習中追求肉體鍛鍊的極限，同

時進入更加深層次的心靈的探求，使自己在肉體和精神上都得到一個極大的昇華，從而使這門技藝成爲自己生活中一種藝術的拳道。反過來看，當人們在學習中感受到自己從未感受過的許多新知之後，從內心深處迸發出來的熱情，又會將種種武技全面地融入到社會生活發展的軌跡中。

今天看來，截拳道早已不只是人們茶餘飯後談論的話題，也不只是從宣傳片中體現對偶像崇拜的衝動，它早已成爲大批練習者日常生活中的重要內容，並逐步地提升著他們的道德、情趣和生活理想的修養。截拳道教會了人們更深入一步地洞察武術的邏輯性，並引導人們站在中外武術文化的基礎之上去充分發揮截拳道所展現的創新思惟。

實事求是地講，截拳道是它的創始人和繼承者們交給這個世界的一個嶄新的、理性的、科學的武術體系。儘管，探索武術的眞理常常會遇到許多意想不到的困難，創立一種新的武術體系更非易事，它不僅需要昂揚的激情、創新的勇氣、良好的悟性，還需要科學的態度、求實的精神和嚴謹縝密的思考，而這些，截拳道和它的追求者們基本上做到了。

由於諸多原因，截拳道的資料保留得並不完整，一些人在學習中常常會遇到一些困難，由此，筆者才有了整理出一套比較系統又讓人易於理解的叢書的計畫。經過幾年的努力，產生了《截拳道入門叢書》。這套叢書共六本：《截拳道手擊技法》《截拳道腳踢

技法》《截拳道擒跌技法》《截拳道攻防技法》《截拳道連環技法》《截拳道功夫匯宗》。在這套叢書中，筆者試圖從不同的角度，以理論和實戰技法相結合的模式，把截拳道最基本的理念、技法和攻防招式逐一介紹給大家。考慮到不同層次學習者的需求，在這套書中，筆者盡量以通俗易懂的語言進行描述，以較多的圖片直觀地表現各種技術動作的特點，力求使之達到一個最好的效果。當然，這只是筆者的一個好的願望，因為，無論是學習截拳道還是其他的武術流派，最主要的還是要靠學習者在訓練中的切身感悟，一部入門叢書，無論如何僅僅是引導您入門的一個輔助工具，而不是全部。

由於截拳道內容非常寬泛，尤其是其技法技巧變化萬千，無法在一部書中得到充分的展現，加之筆者的認識也有待不斷的深化，不斷的提升，所以在本書中難免有諸多的疏漏和不足之處。在此誠懇地希望所有讀到本書的同道提出批評和建議，以期共同提升。

本套叢書得以付梓出版，筆者衷心地感謝多年來一直給予關注和支持的親友，以及為此付出了辛勤勞動的所有的人。

作　者
深秋於深圳

截拳道
擒跌技法

目
錄

第一章　截拳道擒跌技法概述 …………………… 11

　第一節　擒跌技法簡介 ………………………… 11
　第二節　擒跌技法的訓練要旨 ………………… 13
　第三節　擒跌技法的身體素質要求 …………… 15

第二章　截拳道擒跌技法基礎訓練 ………………… 17

　第一節　柔韌性訓練 …………………………… 17
　第二節　力量訓練 ……………………………… 23
　　一、手臂力量訓練 …………………………… 23
　　二、腰背力量訓練 …………………………… 28
　第三節　跌撲滾翻技法訓練 …………………… 30
　　一、跌撲技法訓練 …………………………… 30
　　二、滾翻技法訓練 …………………………… 34

第三章　截拳道擒跌技法的運用原則 ……………… 39

　第一節　擒跌戰術 ……………………………… 39
　　一、出招上下相隨，攻防兼顧 ……………… 40
　　二、虛實真假，避實就虛攻擊 ……………… 42

三、出其不意，攻其不備，膽大心細 ………… 44

四、擒鎖筋骨，攻打要害目標 ……………… 46

第二節　人體運動系統 ……………………… 48

第三節　擒鎖人體要害部位 ………………… 49

一、頭部擒鎖原則 ………………………… 49

二、軀體擒鎖原則 ………………………… 52

三、肢體擒鎖原則 ………………………… 53

第四節　擒鎖技法運用釋疑 ………………… 57

一、擒鎖技法的外力和內勁 …………… 57

二、擒鎖力量的運用原則 ……………… 58

第五節　基本擒跌技術 ……………………… 62

一、警戒樁式防守 ………………………… 62

二、勾手擒跌 ……………………………… 63

三、回擒跌 ………………………………… 65

四、穿插跌 ………………………………… 66

第六節　擒跌技法輔助功夫訓練 ………… 68

一、木人樁 ………………………………… 68

二、沙包 …………………………………… 68

三、助手配合練習 ………………………… 69

第四章　截拳道擒鎖技法訓練 ……………… 71

第一節　擒鎖技法的基本手法 ……………… 71

第二節　擒鎖技法 …………………………… 75

一、頭頸擒鎖 ……………………………… 75

二、頭手擒鎖 ……………………………… 79

三、手肘擒鎖 …………………………………… 87

四、膝腿擒鎖 …………………………………… 106

第三節　解脫擒鎖 ……………………………… 128

一、頭髮被抓解脫 ……………………………… 128

二、頭頸被擒鎖解脫 …………………………… 132

三、肩部被抓住解脫 …………………………… 144

四、胸部被抓解脫 ……………………………… 148

五、手臂被擒解脫 ……………………………… 156

六、腰部被摟抱解脫 …………………………… 170

七、腿腳被擒解脫 ……………………………… 178

第五章　截拳道摔跌技法訓練 ……………… 183

第一節　實用摔跌技法示例 …………………… 183

一、夾頸摔跌 …………………………………… 183

二、抱腰摔跌 …………………………………… 188

三、單腳摔跌 …………………………………… 190

四、雙腳摔跌 …………………………………… 194

五、勾踢摔跌 …………………………………… 196

第二節　實用解脫反擊技法示例 ……………… 198

一、解脫夾頸反擊 ……………………………… 198

二、解脫抱腰摔反擊 …………………………… 200

三、解脫擒腳摔反擊 …………………………… 202

目錄

第一章

截拳道擒跌技法概述

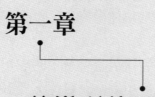

截拳道擒跌技法的特殊運用，在搏擊中主動或被迫破壞對手的平衡，擊跌摔倒對手，或使用擒拿及鎖扣關節的技術，戰勝對手或壓制對手。因此，擒跌技法在搏擊中有著重要作用。

第一節　擒跌技法簡介

截拳道是沒有固定拳式的拳道，它沒有門派之分。但是，它卻順應任何門派；因此，不論是擒鎖或是摔跌技法，都蘊含著其他門派的絕技。它的特點就是按實戰需要，可以採用任何技法，為了達到格鬥的目的，不惜使用一切手段。

實施擒跌技法時不能盲目地連續攻擊。迅速移位攻擊時，首先是要破壞對手的身體重心，把握最恰當的攻擊時間。運用技術進行攻擊時，應先觸及對手的前手腕、臂，誘使對手的注意力轉移到腕、臂，這樣才有可能降低對手

的反擊程度，然後迅速有力地實施攻擊。與對手相對峙時，必須注意觀察對手的特點和細微變化，以選擇適當有效的擒鎖技術。

搏擊的過程中，應儘可能採用直接有效的攻擊模式，盡量不採用複合的戰術。攻擊中須全神貫注，凝聚身體勁力全力發招，並努力使身體適應搏鬥時的某種緊張程度以及心理的緊張感覺。

在運用擒跌技法進行搏鬥時，必須注視對手的動作變化，隨機應變地發揮攻擊的最大效果。

擒跌技法運用時應把握以下各點：

● 與對手對峙時的距離、空檔，注視對手眼神；

● 近身攻擊或貼身近戰時，注視對手的腿、腳和腰部；

● 糾纏格鬥中，善於及時發現對手的弱點，運用全部勁力和技術對其實施攻擊；

● 封手時，應迫使對手處於防守的被動狀態，接著發起連續有力的攻擊。

運用擒跌技術攻擊對手時，不必為一時出現的緊張感所困惑，而應充滿自信地應對搏鬥。如果不善於控制自己的情緒，可能會由於緊張而引起精神狀態的起伏不定，從而失去瞬間出現的攻擊機會，或者因緊張而導致平常訓練的動作發揮失去靈活性。

在搏擊糾纏中運用擒鎖或摔跌技術時，還要克服體力上的極限，持續不斷地挖掘身體內的潛力。

擒跌技法會因搏擊中空檔的遠近、個人和對手的速度、敏捷性、智慧的不同而受到些許影響。

截拳道擒跌技法匯集了中華武術與海外技擊術的精華，成為徒手搏擊中的重要組成部分。其拳技變化多端，拳理奧妙精深。並融合踢法、手法和摔法於一體，剛柔相濟。實踐證明，它確實是一種技巧靈活、以巧制敵的實用技術。

擒跌技術的運用並不是單純的反擒關節摔跌對手，它是將擒拿技術、鎖法和摔跌等各種不同的技巧正確地應用於搏擊中。

第二節　擒跌技法的訓練要旨

擒跌技法的訓練是有目的、有計畫地對練習者施以影響的過程，也是採用特殊訓練方法和手段學會控制和調節自己的狀態，進而控制對手運動的行為過程。

擒鎖與摔跌技術是截拳道自由搏擊系統不可缺少的一部分，同時也影響著練習者身體、技術、戰術策略等方面的改善，可以促進練習者技法、戰法的不斷完善，成長為高水準的截拳道運動員，並使其能夠適應各種訓練與比賽的要求，為達到最佳競技狀態奠定良好的技術基礎。

擒跌技術能力、戰術策略、身體素質都會受到後天環境和實踐影響，可以透過訓練來加以改善和提升。擒跌技術的訓練遵循著技能訓練的規律，必須經過長期系統的訓練。擒跌技術如果不透過勁力、技巧的訓練，則難以產生好的效果。

截拳道訓練其實就是透過一個訓練過程從而使自己得到這種運作能力的遷移效果。在訓練中不僅要提升擒跌技術的能力，還要同時提升其他技術能力，使練習者從中受益。並透過訓練獲得一定水準後，會勇敢、從容、理智、巧妙地面對人生中所遇到的任何困難。

訓練擒跌技術與對待其他技術訓練的態度一樣，最有效、最經濟的方法是合理運用各種訓練方式，並且在訓練中解決各種問題，把擒跌技術或其他技術的訓練調理到最佳狀態。

任何一種截拳道的技法，都需要在日常訓練中進行無數次重複練習，並在實戰搏擊中反覆運用，才能到達爐火純青的地步。

學習擒跌技法，開始應在教練員指導和幫助下進行訓練。訓練開始前，要制定合適的訓練計畫，然後嚴格按照計畫實施訓練。教練員在訓練過程中要及時了解練習者的能力情況，以便給予具體而有效的指導，使練習者能夠逐漸獨立完成訓練計畫。

擒跌技術的訓練效果，取決於練習者的自覺性、積極性的高低。練習者應當努力把擒跌技術訓練同專項的身體素質訓練、戰術訓練有機地結合，把技術訓練內容貫穿到運動技能的學習和搏擊實戰中，使訓練吸納各專項運動的共同特點。當然，這不是說機械地帶有專項內容，還是強調全面進行訓練。

第三節　擒跌技法的身體素質要求

　　人體生理架構及素質特徵，決定了在訓練中一定要注意預防傷害事故。特別是實施擒鎖或擒拿技術訓練時，由於骨骼關節的脆弱性，必須量力而行，任何過分的關節鎖扣擒拿都會造成受傷的可能，這一定要引起每一個練習者的重視。

　　身體的柔韌及靈敏得到鍛鍊後，使得關節筋骨更加牢固，才能有效地實施擒跌技法。身體素質的訓練要重視姿勢訓練的正確，防止指骨、肢體、脊柱發生變形。

　　負重練習耐力，宜採用伸展練習發展力量。適當的負荷訓練有利於骨骼的生長，但是，重負荷訓練則應注意控制訓練時間和次數，以便在訓練時均衡地發展肌肉力量。不僅可以採用器械輔助訓練，也可以透過一些遊戲模式發展身體肌肉群力量，促進肌肉發展平衡，增強技法運用的協調性和精確性。

　　良好的身體素質是掌握運用擒鎖技法、摔跌技法的能力基礎，因而在訓練中一定要把握身體素質的發展規律，使身體得到全面發展。

　　少年時期身體素質隨著年齡的增長而增長，即使沒有接受運動訓練，這種身體素質的增長也是自然而然的。但是成年時期，身體素質將不再隨年齡的增長而增長，而是逐漸趨於穩定狀態，如果不進行運動訓練，甚至會有所下

降。

運用擒跌技法必須具有較好的身體素質，才能牽制對手。這種訓練一般遵循速度——耐力——力量素質訓練程式。

身體素質增長較快時期，也是身體素質的敏感期。在這一階段，透過訓練等手段促進各項身體素質訓練全面發展，對練習者將產生極佳的效果。

訓練時，不能追求每一位練習者的效果都一樣，作為教練員，應以因人制宜、適當安排為原則，進行有目的的指導訓練。

第二章

截拳道擒跌技法基礎訓練

截拳道擒跌技法的基礎訓練是適應性鍛鍊慣用的招式，其目的是使自己在格鬥中不受敵方的牽制，又能攻擊敵方。透過基本功夫的訓練，將使練習者逐漸掌握技術，並且有效地防護自身頭部、頸部、身體軀幹和襠部等危險部位。

第一節　柔韌性訓練

擒跌技法的柔韌性素質比較注重腰部的柔韌性鍛鍊，其他部位的柔韌性訓練在本叢書的相關部分均有詳盡介紹。

腰腹訓練

1.前俯腰

【動作】
兩腳併步站立；兩臂向上伸，兩手手心向上，五指交

叉握住；然後上身前俯，交叉之手在鬆開時向後抄抱，扶握小腿下部，使面部緊貼脛骨前部。上身恢復原姿勢。重複做此練習（圖1～圖3）。

【說明】

在練習中，膝部須挺膝伸直，面部盡量貼緊小腿脛骨，鍛鍊腰椎關節的軟骨、韌帶的柔軟性，使腰椎在做此動作中達到前屈的極限。

圖 1

圖 2

圖 3

2.側俯腰

【動作】

兩腳併步站立；兩臂向上伸，兩手心向上，五指交叉握住，然後上身前俯；上身左轉時，下肢不動，使上身向左腿外側方向俯下，兩手在腳的外側貼地；然後上身可右轉，向右腿外側方向俯下。左右姿勢交替鍛鍊（圖4～圖8）。

【說明】

側俯腰練習須挺膝收腹，鍛鍊腰椎的柔軟性。在做左右轉體動作時也鍛鍊了腹斜肌。

圖 4

圖 5

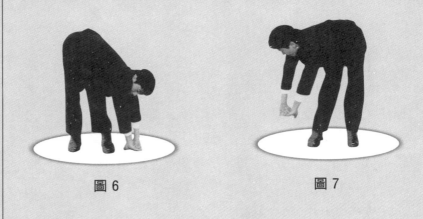

圖 6   圖 7

圖 8

3. 轉　腰

【動作】

　　兩腳分開，與肩同寬站立，上身前俯；兩臂在身前自然下垂；上身接著從前向左、向後回環轉動腰部；兩臂隨身體轉動而擺動；上身接著向右回轉轉動腰部（圖9～圖12）。

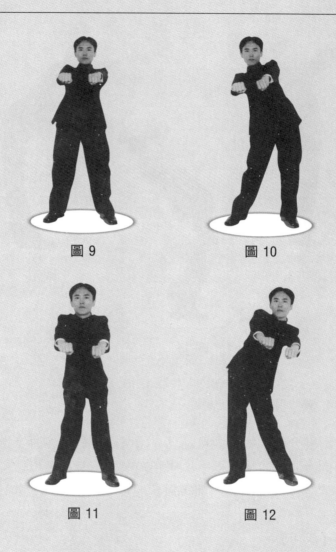

圖 9　　　　　　　　　圖 10

圖 11　　　　　　　　　圖 12

【說明】

　鍛鍊腰椎的靈活性，使做動作時腰身的扭轉協調自然。

圖 13　　　　　　　　　　　　　圖 15

圖 14

4. 彈　腰

　　兩腳分開，與肩同寬站立；兩臂由身體前伸直上舉，手心向上；抬頭目視兩手，屈腰向後彎俯；接著以腰髖為軸，使上身向前彎俯，前後彎俯屈度稍大於 90°（圖 13～圖 15）。

　　【說明】

　　練習中必須使腰部上下振擺，不能用膝關節做彈動動作。

第二節　力量訓練

　　截拳道擒跌技法的運用，綜合了身體各項素質，以促進擒跌技法的靈活運用。在擒跌技法中的力量訓練，側重於手臂力量訓練和腰背力量訓練。

一、手臂力量訓練

1.拳面俯臥撐

【動作】

　　兩手握拳，身體俯臥成直線；兩手以拳面部位撐地，臂伸直；兩腿併攏，以腳尖觸地；兩臂屈肘，使身體下落，然後撐起（圖16、圖17）。

【說明】

　　以拳面撐臥，鍛鍊拳頭的硬度和臂的力量。

圖 16

圖 17

2.指掌俯臥撐

【動作】

　　五指分開成掌，屈肘支撐身體，然後以指用力將身體撐起，落下體體時再以指力撐起（圖 18、圖 19）。

圖 18

圖 19

圖 20

圖 21

【說明】

此方法鍛鍊增強手指和臂的力量。

3.插　沙

【動作】

用一器具盛裝河沙，兩手成掌，反覆插戳沙子（圖20、圖21）。

【說明】

插沙練習可以增強指掌的硬度和力量。

圖 22

4.捲　棒

【動作】

　　兩腳自然站立；兩臂平伸，抓握懸掛重物的木棒，以手腕的勁力向內或向外反覆捲動起落（圖 22）。

【說明】

用此法加強前臂和腕部的力量。

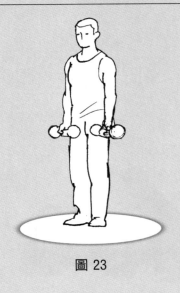

圖 23　　　　　　　　　圖 24

5.彎舉啞鈴

【動作】

兩腳自然站立；兩手分別持握啞鈴，兩臂下垂；身體和上臂不動；手腕繃緊，使前臂前屈向上彎舉啞鈴（圖23、圖24）。

【說明】

此方法鍛鍊腕、臂的力量。

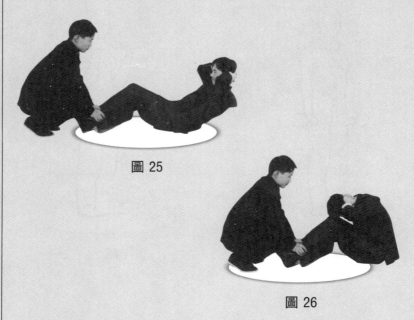

圖 25

圖 26

二、腰背力量訓練

1.仰臥起坐

【動作】

　　屈膝仰臥在地上；兩手成掌交叉於頭後；由助手握住練習者腳部；上體用力，低頭收腹，以頭觸及膝部（圖25、圖26）。

【說明】

　　反覆練習，可以增強腰、腹部的肌肉力量。

圖 27

圖 28

2.持啞鈴俯身

【動作】

　　兩腳與肩同寬，自然站立；兩手各握啞鈴，直向上舉至頭頂；然後向前俯身。反覆做（圖 27、圖 28）。

【說明】

　　做動作時兩腿要挺直，可以鍛鍊腰、腹肌群的力量。

第三節　跌撲滾翻技法訓練

截拳道的跌撲滾翻技術在搏擊中起著重要作用。透過訓練可以強壯筋骨、肌肉，增強抵抗外界擊打的承受能力。截拳道的跌撲滾翻技術分為兩類：跌撲技法和滾翻技法。

一、跌撲技法訓練

1.前　跌

【動作】

兩腳自然站立，身體向前傾；兩肘彎曲於胸前，掌心向下；稍收緊下頜，收腹；頸部、兩掌及前臂繃緊，迅速用兩掌在身前撐地，形成俯臥撐姿勢（圖29、圖30）。

【說明】

前跌技巧是地趟式運用的方法，在身體觸地的瞬間要憋氣。

圖 29

圖 30

2. 側　跌

【動作】

　　由警戒樁式起，右腿屈膝，左腿伸直；兩臂向右側舉；上身向左傾倒，左腿屈膝盤坐，右腿擺向右側，以側臥姿勢使身體向地面跌撲（圖31～圖34）。

圖 31

圖 32

圖 33

圖 34

【說明】

　　做側跌動作時，擺腿擺臂動作應協調，左腿大收肌、
長收肌、股薄肌必須極力收縮；跌落著地時，左腿必須屈
膝盤緊。上身平俯，手掌平伸著地。

3. 後 跌

【動作】

由警戒樁式起。兩腿屈膝，降低身體重心，上身後傾，兩臂後擺，同時起左腿，挺胸收腹，收下頜，以臂、肩、背部位觸地；目視前方（圖35～圖37）。

【說明】

向後跌撲時，臂、肩、背相繼依次著地，頭、頸要收緊肌肉，含胸挺腹，使整個動作協調緊湊。

圖 35

圖 36

圖 37

二、滾翻技法訓練

1.前滾翻

【動作】

　　由警戒樁式起。上身前傾，彎腰低頭，兩腳蹬地；上身向前傾倒，以背部著地，兩腿屈膝，團身向前滾翻（圖38～圖41）。

【說明】

　　滾翻動作要緊湊、迅速。

圖 38

圖 39

圖 40

圖 41

2.側滾翻

【動作】

由警戒椿式起。傾斜身體，平躺仰臥，右腿向內收腿內旋，合右髖，裹右肩，連同身體向右快速翻滾；如果向左滾翻，姿勢則相反（圖42～圖44）。

【說明】

滾翻動作要協調，以增強做動作時確定方位的能力。

圖 42

圖 43

圖 44

3.後滾翻

【動作】

由警戒樁式起。身體下坐，屈膝後傾，隨即低頭，兩手在體側撐地；上身後縮蜷體倒下，以背著地，團身向後滾翻；接著迅速成防護式（圖45～圖48）。

【說明】

後滾翻上身傾倒時，兩腿隨身體快速收緊動作，並協調配合。

圖 45

圖 46

圖 47

圖 48

第三章

截拳道擒跌技法的運用原則

截拳道的擒拿、擒鎖和摔跌技法引用了中華武術的擒拿和摔法的優點,把一些巧妙的擒跌技巧應用於實戰搏擊中。擒跌技巧可以運用多種鎖、扣、打、拿的手法,迫使對手被牽制或遭到攻擊,並可以在格鬥時審時度勢,憑身體、肌肉的感覺,把握對手的勁力變化,順對手之勢,借對手之力,有效運用擒跌技法進行攻擊和反擊。

要使擒跌技法運用自如,平日訓練時一定要注意由淺入深,循序漸進,逐次提升實踐水準。

第一節　擒跌戰術

在運用截拳道擒跌技法時,盡量不要用拼力鬥狠的打法,而主要應採取戰術性打法,講究避實攻虛,以靜制動,乘隙借力,近身攻擊。截拳道的擒跌技法與道統武術的某些招法有所不同,它在搏鬥中要求盡量減少與對手的摟抱糾纏,而是在近身攻擊,封住對手的手和腿時,借勢

以擒鎖關節的原理或摔跌的技巧，擊倒對手。

擒跌技法的運用一般應注意以下幾方面：

一、出招上下相隨，攻防兼顧

搏鬥中的上下相隨，是指近身攻擊時應做到手腳併用，協調全身勁力以制伏對手。因為在實戰搏鬥中，情況是複雜多變的，不僅要出招攻擊或擒鎖住對手，還要防禦對手的擊打或擒拿，所以，在運用上肢招式的同時，又要注意下肢的動作變化，做到攻中有防，防中兼顧著攻，做到手到身到，身到招法到，把攻和防的破綻降到最低限度，減少對手的攻擊機會。

由警戒樁式與對手對峙。對手欲以右腳踢打我方（圖49），我方先迅速屈肘封住對手，或以肘、臂格擋對手（圖50），再順勢鎖住對手腳、腿（圖51）。此時我方下肢已經換步移動扣住對手踢出的腿。這一過程，已使我方

圖 49

做到了招式的上下相隨。在對手被擒住的同時，我方兩手用力擰翻對手，迫使對手被擊倒（圖52、圖53）。

圖 50

圖 51

圖 52

圖 53

二、虛實真假，避實就虛攻擊

搏鬥中必須學會判斷或觀察對手的招法變化，並採取避實就虛的攻擊法。所謂虛實的技巧，就是說，在搏擊中不管哪個動作都不是無懈可擊的，關鍵在於如何巧用虛實相間的攻擊方法來製伏對手。

與對手搏鬥時（圖54），對手以手法攻擊我方（圖55），我方移動步法躲閃對手攻擊（圖56），然后瞅準對手下體防護空虛處，以前手佯擊或抓對手肩、頸部，引誘對手的注意力，同時，隨著手法的變化，出腳猛踢對手膝、腿部。這就是避實就虛的打法之一種（圖57）。

圖 54

圖 55

圖 56

圖 57

三、出其不意，攻其不備，膽大心細

訓練中應學會細心觀察場上的變化情況，這有助於在搏擊中膽大心細地進退，並出其不意地發招攻擊，創造令對手精神上尚未做好充分準備無法展開還擊的機會，從而擊敗或擒住對手。

與對手搏鬥時（圖58），對手被我方的引誘動作所迷惑，忙抬手進行防護（圖59）。其實我方並不是要擊打對手身體上段防護區域，而是趁對手沒有做好防守準備時，以一小的引誘動作迫使對手做出自然回應。

此時，我方突然降低身體重心，出其不意地以左手抓擒對手前腳，右手屈肘挫壓其腿（圖60），緊接著趁對手防備不力，猛然發力挫跌扭翻對手（圖61）。

圖 58

圖 59

圖 60

圖 61

四、擒鎖筋骨，攻打要害目標

攻擊對手時，可以擒拿鎖扣其身體脆弱的部位，並施以重擊，迫使對手遭到打擊後不能正常展開動作甚至被擊倒或擊敗。

當對手出拳攻擊時（圖62），我方移動身體（圖63），並以左手封擋對手右臂，右手出招防護（圖64）。對手欲動，我方隨即以右腿絆住對手右腿，緊接著近身，兩手擒鎖對手手、肘，以胯猛挫對手膝、腿部（圖65），對手上肢被反擒，膝部又遭反挫，被迫跌倒（圖66）。

運用這種攻擊對手肘、膝關節的打法，重點是攻擊對手身體脆弱的關節部位。

圖62

圖 63

圖 64

圖 65

圖 66

　　運用擒鎖和摔跌的技巧進行攻擊，盡量不要用蠻力，應順著對手的變化和發力進行攻擊或追擊。擒拿和摔跌對手時，不僅要靈活運用戰術及技巧，還應把握近身的恰當時機，判斷與對手的距離，伺機移動發招。同時，還應對人體的關節系統有所了解，以便在實戰中見機而用，做到乘勢借力、近身擒跌。

第二節　人體運動系統

　　截拳道擒跌技法的核心是使用擒拿、擒鎖和摔跌技術，但它們不是簡單的直接攻擊技術，而須與打、踢技術配合，才能完整地發揮其作用。但要追求技法的完整發揮的完整，必須先要了解人體運動的基本原理。

　　骨骼是組成人體的重要部分，骨和骨之間由關節連接，形成了人體的基本框架。骨骼受到肌肉的牽引，可以促使關節轉動，形成人體局部或者整體的運動。關節由關節面軟骨、關節腔和關節囊組成。

　　人體運動時是以骨骼為槓杆、關節為軸、肌肉收縮為動力的，同時，這種運動是在神經的支配下進行的。在運用擒跌技術時，不僅要掌握骨骼、關節、肌肉的架構及運動特徵，還要了解肢體中神經走向的路線，才能有效地運用擒拿和鎖技，迫使對手因要害部位遭到痛擊而失去還擊能力。

第三節　擒鎖人體要害部位

　　擒鎖技法不只是運用手、指、臂或腿、腳去擒拿或鎖住對手。準備抓拿對手時，還應有明確的發招方向，能夠靈活地向對手身體的前後左右上下各位置發招。另外，擒鎖技巧必須和打、踢、摔技術緊密結合，並在使用時擊打對手的要害部位，擒鎖其關節，以削弱對手反擊的能力。

　　在使用擒鎖技術時，要把握住人體頭、頸、胸、腹等部位的主要的脆弱位置，常可達到一招制敵之效。

一、頭部擒鎖原則

　　頭部（圖67）有許多重要但很脆弱的骨層和穴位，一旦被擊，輕則可造成眩暈和視線模糊，重則會造成一定損傷，所以，在比賽中要注意招式的用力，盡量避免意外傷害事故。

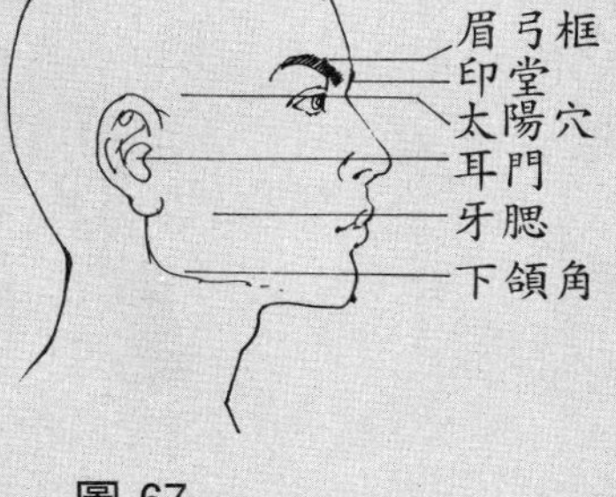

圖 67

　　在有機會使用擒鎖手法擊打對手時，先用手封住對手的攻擊手（圖68），一手直接攻打對手頭部（圖69），不僅僅用拳頭擊打，也可以用各種手法切擊或插擊對手頭部（圖70）。或者當自己被對手抱住和糾纏時，兩手旋擰對手頭部以解脫（圖71），再使用手法扼住對手喉、頸部（圖72）。一般情況下，兩手同時扼住對手喉、頸部的機會比較少，多為一手防護，一手牽制住對手。在比賽中，一般都禁止使用擒拿和鎖扣攻擊頭部，因為對頭部的鎖扣是比較危險的攻擊方法。

圖68

圖69

圖 70

圖 71

圖 72

二、軀體擒鎖原則

擒鎖軀體主要是指對胸、腹部的攻擊模式。軀體部位內部有人體的臟腑器官，其生理特徵同樣薄弱，對此部位攻擊時可以採取掐拿和直接擊打，使用得當，將會使對手喪失抵抗力。

向對手的軀體進行擊打時，可以直接出招擊打其胸骨，這將使其心臟受到震盪，疼痛難忍，胸悶，呼吸困難，從而失去抵抗能力（圖73）。

也可以擊打對手兩肋，特別是中間肋骨，重擊后可使對手胸肋骨折，造成內傷（圖74）。可擊打對手腹部或撩陰高骨，此處神經密集，遭受攻擊會格外疼痛，迫使其只能蹲倒而無法反抗（圖75）。

圖 73

圖 74

圖 75

三、肢體擒鎖原則

　　肢體主要指四肢，它們是運用擒拿和鎖扣技術攻擊最
多的部位。在練習中，要充分了解四肢的生理架構和運動
範圍，才能合理有效地運用擒鎖法則。

　　四肢均由關節連結而為人體運動之樞紐，關節處分層
排列著肌肉群，有神經和血管穿行其間，實施擒鎖時應注
意這種生理特點。

搏擊中一旦運用擒鎖技術攻擊或擒住對手時，可用手法插擊對手的鎖骨，緊接著變勢擒住對手（圖76）；擊打對手背後骨縫，使其肩胛骨與肩關節被擊受傷，造成對手上肢活動被限制而失去反擊能力，我方趁機近身抓擒對手（圖77）；封住對手，擊打對手肘關節，或用手法掐抓住對手肘關節，可削減對手攻擊的勁力，利於鎖扣對手（圖

圖76

圖77

78）；格擋或牽製住對手的上肢，準備攻擊或擒鎖對手下肢時，可以直接挫踢對手膝關節（圖79）；踏踩或刺踢對手小腿脛骨，小腿脛骨因無肌肉遮掩，被踢擊時會引起異常強烈的痛感，失去支撐勁力，易被我方所牽製（圖80）；在有利的情況下，也可踢擊對手踝關節（圖81），踝關節處有脛神經和隱神經經過，被踢同樣會引起劇痛，

圖 78

圖 79

肌肉、韌帶也會受傷；也可以封住或佯攻對手，然后用腳猛踏踩對手的腳趾，緊接著變勢擒住或鎖住對手（圖82）。

圖 80

圖 81

圖 82

第四節　擒鎖技法運用釋疑

擒鎖技法是截拳道搏擊技術中的精粹。練習熟練後，還要進一步掌握其理、其技、其法，並善於在實戰搏擊中運用。欲制伏對手，不管是直接發招還是被動發招，都要在熟悉基本法理的條件下，才有可能與對手巧妙地格鬥，制人而不被人所制，擒鎖技術得以靈活發揮，而不是笨拙地使用拙力。

一、擒鎖技法的外力和內勁

截拳道的擒鎖技法不贊成硬取蠻打，而是講究巧取。這種巧取的技法是建立在合理的力量運用和借助對手勁力的基礎之上的，並根據人體骨骼槓杆原理和關節運動鏈系統特徵合理地運用勁力。截拳道充分吸收了道統武術的精華，不僅在踢打中運用外力和內勁，運用擒鎖和摔跌時同樣以外力和內勁發揮身體的潛能。

外力和內勁的含意是不同的。外力是在大腦支配下形成的肌肉收縮力，內勁則是在意識支配下的納息吐氣和肌肉的舒縮形成的內力。

單純追求外力，雖然經過訓練可以使人肌肉發達，但這種純粹的肌肉的力量在格鬥中表現為隨姿勢變化而直接出入，缺少靈活的互換。

而內勁則同時具有柔和剛的特徵，它可隨意識引導姿勢的變化至剛至柔，所表現出來的動作技法很難被對手摸清楚。

截拳道講究外力和內勁互相配合，以更好地發揮出拳技的整體勁力。這也是武術修練中所強調的精、氣、神、力高度的合一。

當一名練習者能夠發放整體勁力時，已經不是身體某一局部肌肉群收縮的力量，而是身體在意識的支配下達到「一動無有不動」的境界。這種整體勁力的獲得需要透過刻苦得法的訓練，由樁式起，以意識收斂四梢的意、氣納入丹田，配合呼吸，放鬆身體各部位肌肉，四肢均保持適度屈曲。發招應透過蓄勁，表現出一觸即發之勢，形成運動中由肩催肘，由肘催手，以胯催膝，以膝催足，聚匯成完整勁力後，由發招攻擊的手或腳梢端發出。這種拳術外力和內勁配合的整勁，要求以意識引導動作，與呼吸配合蓄勁，增強駕馭肌肉張弛的機能及以氣催力的勁道。

拳術的勁力達到較高水準後，應當學會合理地運用，掌握擒鎖技術及其他技術的陰陽變化和奇正運用，在講究道統技術應用的同時發展新奇而富於變化的戰術。

二、擒鎖力量的運用原則

截拳道擒鎖的力量經過訓練後，在搏擊中施用擒鎖或摔跌技術時，遵從以下幾項基本原則要求，以便有效施用。

接觸對手或由警戒樁式起做近身貼靠，可利用上肢關節所形成的夾角，構成骨槓杆，如此便可施用擒拿或鎖法（圖83～圖85）。

圖 83

圖 84

圖 85

擒拿或鎖住對手時，要盡量擒鎖住對手的肢體，使其處於肌肉被拉長或扭轉狀態陷於被動無法還擊。這是以己之長消其之短的打法（圖86～圖88）。

圖 86

圖 87

圖 88

對手被擒鎖住肢體，隨著情況變化進一步擰轉對手，使其身體和兩腿無法轉動移位而解脫擒鎖。擒住對手後就要用力不使其移位（圖89～圖91）。

圖 89

圖 90

圖 91

第五節　基本擒跌技術

截拳道基本擒跌技術是將訓練的擒鎖和摔跌技法靈活地應用於搏擊，而不是固守死板的招法技術。透過基本的擒跌技術訓練，可以使練習者把學到的技巧自由地在搏擊中發揮出來。搏擊中擒鎖和摔跌法常常是緊密聯繫在一起運用的，因為一旦使用擒鎖，緊跟著就可能實施摔跌對手的動作，或者是多種打法配合運用。

基本的擒跌技術是從警戒樁式起，各種基本的攻擊和防守技法中的招式需要靈活運用，以便使平日練習的固有招式在搏擊中盡量自然地發揮出來。

截拳道的基本擒跌技術看似複雜多變，初學人往往認為很難掌握，其實這些多變的戰術只是由幾個基本技術組成的，練習者所要做的，就是熟練地掌握好這幾個基本技術動作。搏擊中根據不同的變化而採取不同的打法，這些打法的變換正是以基本擒跌技術作為基礎的。

一、警戒樁式防守

警戒樁式的防守式動作（圖92）。做此動作時應注意手和腳的擺放及防守要訣，兩腳擺放姿勢既要穩固，又要能夠隨時做出靈活的動作。

圖 92

圖 93

二、勾手擒跌

由警戒樁式起。身體適度放鬆（圖93），前手由中線伸向前並由拳變掌（圖94），後手防護，兩腿穩固，腰、

圖 94

圖 95

圖 96

腹蓄力；前伸的手腕邊前滑邊使掌含力發出（圖 95）。對手如果出拳發招，我方以此勾手手法，順著對手的招式而勾抓住對手腕、臂，以阻止對手攻擊（圖 96）。

圖 97

圖 98

三、回擒跌

　　回擒的動作可由警戒樁式起發出，也可以緊接勾手而出掌發出（圖 97、圖 98）。在右手出掌的同時，左手由拳

圖99

變掌，隨右手回撤後拉伸出，兩掌隨身形變化含力。回擒一般是在勾手抓住對手出招的手臂時，順其勁力回拉對手，左手緊扣對手手肘，施以猛烈的攻擊而使對手前跌（圖99）。

四、穿插跌

穿插是截拳道常見的擒跌手法。由警戒樁式起（圖100）。前手由拳變掌，掌心翻轉向上發出，身體重心移至前腳，後手以拳含勁空握（圖101）。此式可以以一手擒抓對手出招的手後，另一手緊接著穿插而出，猛擊或插挫對手頭、頸部位，使對手被擒或被擊倒（圖102）。使用此類打法，近身要快速，出招發力要迅疾，才能給對手以措手不及的攻擊。

圖 100

圖 101

圖 102

第六節　擒跌技法輔助功夫訓練

　　截拳道輔助功夫訓練，可以提升練習者的身體素質，具備一定的功夫基礎後，可以有效地增強搏擊的能力。

　　常用的擒跌技法的輔助功夫，訓練方法有以下幾類：

一、木人樁

　　截拳道的練功中比較實用的輔助器械是木人樁。截拳道的木人樁和詠春拳的木人樁有所不同，它經過精心改進，適合在踢打練習的同時鍛鍊拳力、掌力和招法。

　　木人樁高約 1.80 公尺，固定在平坦的地面上，用粗彈簧進行固定支撐。木人樁有兩隻活動的木手臂，一在頸部下方，一在木樁中央，兩隻木手前伸約 0.6 公尺。拍打擊擋木人樁的兩隻木手，可以鍛鍊黏手技巧或拍手技術，並可在擊打中全力擋和拉，鍛鍊拳、掌的硬功。

　　踢打木人樁同樣可以鍛鍊腿腳的靈活性和硬功，增加搏擊時抗擊打的適應力。

二、沙　　包

　　所踢打的沙包可用重型吊包，以練習踢打功力的縱深性和滲透性。吊包訓練可以培養在適當時間發招的技能，

並掌握在適當時間起腳，或者在適當距離發力，以及最大限度的踢擊用力。拳腳功夫較好，有助擒鎖對手時更有效地追擊或反擊。

三、助手配合練習

保持適當的距離，重力打擊移動中的助手。可讓助手站立不動，或者移動以配合練習者踢打。

第四章

截拳道擒鎖技法訓練

截拳道的擒跌技法是由擒鎖和摔跌法兩部分所組成。

擒鎖技法由擒拿手法和鎖扣手法組成。它的實施必須與踢、打、摔有效地組合在一起，才能發揮更好效果。擒鎖技法的運用目的，是如何牽制不停運動中的對手，進而對對手實行擒拿鎖扣，以及快速擺脫對手的糾纏。

運用擒鎖技法應首先對人體骨骼架構有所了解，掌握勁力的變換，方能合理地實施技法。

擒鎖技法主要分為主動擒拿、擒鎖和解脫擒鎖技術，它們各有不同的技術和技巧。

第一節　擒鎖技法的基本手法

擒鎖技法的基本手法是拳、掌、指對力與技的熟練運用。手法包括拳、掌、指、勾、捶、肘等所有上肢動作。基本手法運用中，密切審視對手意圖，憑肌肉感覺掌握勁力路線的變化，順對手之勢，借對手力量，進行攻擊或反擊。

1. 勾　手

　　用掌沿對手手臂滑向腕部，用掌指勾拿對手前臂和腕部（圖 103）。

圖 103

2. 抓　拿

　　用手掌虎口沿對手臂、腕收攏掌指，五指扣緊成環狀，合力蓄勁拿抓對手腕、臂（圖 104）。

圖 104

3.刁　旋

用掌刁拿對手掌背的三、四指骨節，配合掌四指，合力旋擰對手掌指，使其臂、腕外轉（圖 105）。

圖 105

4.折　手

用掌抓握對手四指或掌，用力向回扣勁，使對手腕關節背向而被折（圖 106）。

圖 106

5.肘　壓

用一手掌鎖扣對手腕部，用力向內上方折擰，另一手屈肘頂壓其掌或指（圖107）。

圖 107

6.封　纏

用右手刁拿對手右手臂、腕，左手沿對手右臂下扣其四指，兩手合力用勁封住對手右前臂（圖108）。

圖 108

7.鎖　扣

一手扣鎖對手掌指並緊緊壓住，另一手屈肘上抬，壓迫對手腕部（圖 109）。

圖 109

第二節　擒鎖技法

一、頭頸擒鎖

對手以左腳在前時，我方起腳踢擊對手。對手迅速做出回應並截擊，我方抄至對手左外側，摟住對手頭、頸，用力擰轉擒住對手，壓迫對手倒地。對手被擒住頸部，無法用力還擊，我方逐漸壓迫對手，使其頭、頸不能運動（圖 110～圖 114）。

圖 110

圖 111

圖 112

圖 113

圖 114

對手以右腳在前，並揮手攻擊我方頭部，我方降低身體重心，突起前腳勾踢對手襠部。對手遭到攻擊，俯身欲防守，我方撲過對手一側，右手猛然鎖住對手頭、頸，左手配合用力抵住對手，把對手擒摔跌倒。

對手向後跌倒時，我方用力鎖住對手，不使對手有還擊之力（圖 115～圖 119）。

圖 115

圖 116

圖 117

圖 118

圖 119

二、頭手擒鎖

對手以左腳在前時，我方揚手虛晃一招，快速接近對手背後，兩腿屈膝，以兩手抄抱對手膝部，用勁回拉，以肩部頂對手腿部，將對手摔跌。我方緊接著追擊，坐壓對手腰、腹部，右手抓住對手頭髮，屈肘頂其肩、背部位，左手同時抓住對手左手腕，向背後反拉，控制住對手（圖120～圖124）。

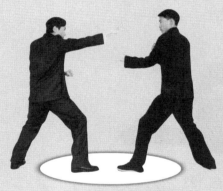

圖 120

圖 121

圖 122

圖 123

圖 124

對手以右腳在前時，我方快速繞至對手背後貼近，未等對手轉身回應時，我方提起右腳向對手膝關節側踢。對手遭到踢擊後仰時，我方緊接著以右手抄過對手下頜，鎖住對手頸部，左手抓住對手左手腕向後拉擰，右腳插進對手腿內側，猛然摔跌對手。

對手被掰倒趴地，我方轉身撲向對手，兩手卡住對手頸部，右腿屈膝頂壓住對手（圖125～圖129）。

圖 125

圖 126

圖 127

圖 128

圖 129

　　對手以左腳在前，並以右手出拳攻擊我方頭部。我方左手快速上抬格擋對手，前腳滑進，左轉身勢，左手由格擋進而抓握住對手腕、臂，右手挾住對手頸部，借身形向左側用力擰轉對手，右髖抵住對手腰、腹，掀翻對手。對手被擒摔跌地，我方移動前腿，屈膝跪頂對手胸、腹部位，左腿後伸，左手抓住對手右手，制伏對手（圖130～圖134）。

圖 130

圖 131

圖 132

圖 133

圖 134

　　對手以右腳在前，揮腿掃踢我方膝腿。我方前腳閃躲，躍過對手踢擊之腿。對手收腳時，我方猛然側踢對手膝關節部位。對手被擊俯身，我方緊接著提起前腳，快速劈踢對手頭部。

　　對手被踢擊倒地，我方不放鬆攻擊，移近對手，左腿屈膝壓住對手腹、肋，右腿後夾對手頸部，兩手抓住對手用勁反撐，迫使對手無法反擊（圖135～圖139）。

圖 135

圖 136

圖 137

圖 138

圖 139

三、手肘擒鎖

對手以右腳在前時，我方移步試探對手變化。對手右腳踏前時，我方閃至對手右側，左手上抬，抓托對手右手腕上抬，右手擒扣對手右手背，猛然用勁折屈對手腕關節，左手用勁扣住對手腕臂，回攔對手手背，迫使對手疼痛難忍而停止攻打（圖140～圖143）。

圖 140

圖 141

圖 142

圖 143

對手以左腳在前，並揮手進攻我方。我方注視對手，移步貼近對手身體右側，迅速用右手刁抓對手右手背，向對手背後擰轉用勁，猛折對手腕關節，右腿同時屈膝抵住對手腿腳，左手屈肘頂擊對手左臂，以控制對手（圖144～圖147）。

圖 144

圖 145

圖 146

圖 147

　　對手以左腳在前，並出掌推擊我方胸部。我方看準對手出招，兩手刁抓對手左掌緊貼胸前，胸部向前猛屈，壓迫對手手指。對手遭掌指折屈而下跌跪膝，我方為防備對手還擊，緊接著俯身屈膝，繼續壓折對手掌部，迫使對手手肘內旋而被牽制住（圖148～圖151）。

圖 148

圖 149

圖 150

圖 151

　　對手以右腳在前時，我方出前手引誘對手做出回應。
對手出掌欲截擋，我方移位，不收回前手，後手緊抓住對
手右手而擒住對手，使其右掌翻轉，右手同時抓住對手右
手，猛折對手腕部，使其腕關節反向拉壓，並在移步中擒
倒對手。對手跌趴在地面時，我方緊接著抓繞對手兩手腕
臂反擒鎖住，迫使對手無法移動（圖152～圖156）。

圖 152

圖 153

圖 154

圖 155

圖 156

　　對手以左腳在前，並以前手揮拳攻擊我方。我方上抬右手格擋對手，然後左手抓住對手左臂，右手壓按對手左肩，左腳突然勾踢對手右腳踝關節，右手用勁向對手左後方猛拉使對手跌倒。

　　我方緊接著繞過對手左後側，壓坐對手腹、背部，兩手擒鎖住對手，不使其動彈（圖 157～圖 160）。

圖 157

圖 158

圖 159

圖 160

對手以右腳在前，並以右手出拳進攻我方面部。我方移步踏入對手中門，前手屈肘頂刺對手的攻擊手臂。對手欲收式閃過，我方轉身至對手右外側，身體左轉跨步，左手抓住對手右手，右手出掌猛劈對手頸部。

對手被擊打向前跌倒，我方騎壓對手腰部，兩手擒鎖對手兩臂，控制住對手（圖161～圖165）。

圖 161

圖 162

圖 163

圖 164

圖 165

　　對手以右腳在前時，我方降低身體重心，出前手拳攻
擊對手腹部。對手腹部後縮，閃避俯身，抓握我方攻擊前
手，我方兩手擺脫對手抓握並擒住對手右臂，右手出掌擊
打對手頭頂。對手被擊打前俯身，我方順勢擒住對手右手
繞過對手頭頸，以手捆住對手，右手屈肘頂擊對手背部，
令其不能還手（圖166～圖169）。

圖 166

圖 167

圖 168

圖 169

對手以右腳在前，並以前手出拳攻擊我方頭部。我方側步閃躲，兩手換拳出掌交叉，左掌在前，掌心內翻，右掌隨後，掌心朝前，順對手右臂封纏頂住對手，與對手手臂纏在一起的瞬間，兩手屈肘疾換式，合力鎖扣對手右手腕和掌指，左手屈肘旋擰對手手臂，後撤步猛力持對手兩手，損傷其腕、臂（圖170～圖173）。

圖 170

圖 171

圖 172

圖 173

　　對手以左腳在前，並伸出左手欲抓住我方胸部擊打。我方快速移動，左手扣住對手左手，不使對手鬆脫，身體轉動同時，右手屈肘上抬以肩用力頂擊對手左臂，使對手腕臂擰轉，對手被擰折手臂疼痛俯身，無法解脫還擊，被我方緊擒鎖住（圖174～圖177）。

圖 174

圖 175

圖 176

圖 177

　　對手以右腳在前，右手出拳進攻我方胸部，我方防護左手出掌，勾住對手左手掌臂。對手收回右拳，我方翻轉右手變掌，順對手出的左手緊緊扣住，右手用力抓住，左手扶按對手左臂，向右後側旋擰對手左手腕及臂，迫使對手腕部極力外擰，形成劇痛而被我方擒鎖住（圖178～圖181）。

圖 178

圖 179

圖 180

圖 181

四、膝腿擒鎖

　　對手以右腳在前時，我方前手佯攻對手。對手左手出招欲阻擋，我方移步，降低身體重心，貼近對手，趁對手未出招時，轉身背拳突擊對手面部。對手被擊後仰身體，我方趁機前腳重踢對手。對手被前踢擊倒，我方追過去，雙手擒住對手右腳，猛折屈對手踝關節，使對手疼痛而無力站起（圖182～圖188）。

圖 182

圖 183

圖 184

圖 185

圖 186

圖 187

圖 188

　　對手以右腳在前，起前腳踢擊我方。我方移步，提右
腿格擋對手腿擊。對手收腳準備還擊，我方提起左腿猛側
踢對手腹、肋部。對手被踢擊後仰身，我方緊接右腿掃踢
對手面部。對手被擊倒在地，我方屈膝，以臀落地，左腿
猛壓對手腹、胸，右手鎖住對手右腳踝關節，令對手不能
做動作（圖 189～圖 194）。

圖 189

圖 190

圖 191

圖 192

圖 193

圖 194

對手以左腳在前，右手出拳攻擊我方面部。我方快速下閃身，躲避對手攻擊，緊接著移動屈膝，左腿貼地，左手緊貼對手左腳，以肩猛力撞頂對手，將對手撞倒趴在地上。我方轉身摟住對手兩腳，右腿勾壓對手兩腿膝窩，兩手擒住對手兩腳，使對手趴在地上（圖195～圖199）。

圖 195

圖 196

圖 197

圖 198

圖 199

對手以右腳在前，起右腳前踢我方腹部。我方前腳後撤少許，兩手迅速合扣住對手右腳，隨著一記側踢猛踹對手膝關節。對手被猛踢跌趴於地，我方屈膝，右腳抄過對手臂與腿之間，雙手擒鎖住對手左腿小腿部，合力用勁猛折對手左腿，對手因疼痛趴在地面上無法翻動（圖 200～圖 204）。

圖 200

圖 201

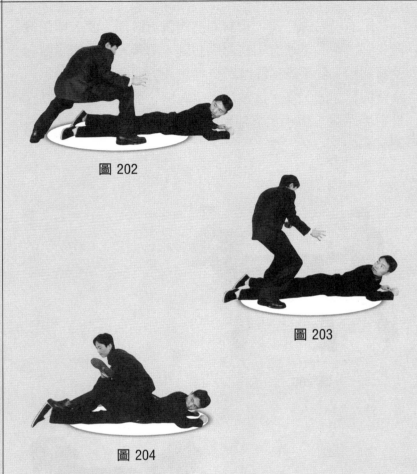

圖 202

圖 203

圖 204

　　對手以左腳在前，左腳以擺踢進攻我方。我方換步，左腳移向前時，兩手迅速抓住對手踢擊之腳，身體猛然右轉，右腿插入對手右腿，將對手掰跌於地。我方兩手換勢坐地時，兩手合力緊扣住對手兩腿，兩腿交叉壓在對手胸、腹部位，使對手無力還擊（圖 205～圖 208）。

圖 205

圖 206

圖 207

圖 208

　　對手以右腳在前，右手出拳攻擊我方頭部。我方迅速降低身體重心，右手緊護胸、腹部位，左手防護對手拳臂，前腳移動踏入對手空檔，下閃潛身。對手欲收手，我方緊接著屈右手肘，趁機左手擒住對手右腳踝，猛力肘擊對手膝關節。對手身體搖晃，我方跪右腿，迅速拉掰對手腿腳，挫倒對手（圖 209～圖 212）。

圖 209

圖 210

圖 211

圖 212

對手以左腳在前，左手揮掌劈打我方面部。我方迅速下潛，閃躲對手攻擊，緊接著不等對手還擊，前腳移動貼近對手，兩手下落，抄扣對手兩小腿並緊扣上抬，上身屈緊，猛力頂撞對手膝關節或腿部，對手被擒兩腿猛遭頂撞後跌倒地（圖213～圖216）。

圖 213

圖 214

圖 215

圖 216

　　對手以右腳在前，前手揮拳攻打我方頭部。我方移動，左手格擋對手右拳，前腳迅速屈膝落勢，右手出掌，猛抓對手右小腿上提，同時左肘用勁頂刺對手右大腿。對手被擒鎖腿腳，髖、腿被肘擊疼痛，順勢被擒跌後倒在地上（圖217～圖221）。

圖 217

圖 218

圖 219

圖 220

圖 221

　　對手以左腳在前，突然起左腳勾踢我方腰肋部位。我方迅速左腳側閃，兩手擒住對手攻擊之左腿，左手扣住對手左腿膝關節，右手抓住其左腳踝；緊接著，左腿前伸踏踢對手支撐右腿的膝部。對手被擊後傾，我方逼跌對手，左腿屈膝頂擊對手襠或腹部，兩手擒鎖對手腿腳（圖222～圖226）。

圖 222

圖 223

圖 224

圖 225

圖 226

123

　　對手以右腳在前，右腳前踢我方襠、腹。我方閃身，右手下拍撥對手攻擊腿。對手欲收腿再攻擊，我方近身，左掌猛挑對手襠部。對手被擊後，閃起左腿踢擊，我方移動身體，右手猛擒鎖對手左腿膝部，左手隨進步猛力出掌推擊對手胸部，對手被擊向後倒地（圖227～圖230）。

圖 227

圖 228

圖 229

圖 230

對手以左腳在前，移向我方靠近，我方稍後撤。對手起右腳前踢我方腹部，我方含胸閃避，緊接著，未等對手收腿，兩手猛抓擒其右腳，使對手不能還擊。對手欲動，我方兩掌發力，猛擰折對手右腳。對手因疼痛而轉身，我方接著突出左腳，絆踢對手支撐左腿而擊倒對手（圖231～圖235）。

圖 231

圖 232

圖 233

圖 234

圖 235

第三節　解脫擒鎖

一、頭髮被抓解脫

對手以右腳在前，抓擒我方頭髮。我方隨著對手勁力移動。對手用勁抓扯我方，我方移動，順勢前撲貼靠對手，左手防擋對手右手，右手成插捶，猛插對手眼部，迫使對手停止攻擊（圖236～圖238）。

圖 236

圖 237

圖 238

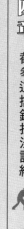

對手以右腳在前，右手抓住我方頭髮，我方迅速進左腳，兩手緊扣對手手掌，右轉身體，用勁翻擰對手腕關節，頭隨手動時，兩手用力折屈對手被扣右手指，將對手擒鎖住（圖 239～圖 243）。

圖 239

圖 240

圖 241

圖 242

圖 243

二、頭頸被擒鎖解脫

對手以左腳在前時，糾纏中對手擒鎖住我方頭頸，我方用力掙脫。對手愈發手肘用勁，我方迅速上抬右手成指戳，猛刺對手眼部。對手遭到攻擊，因疼痛而鬆開我方，我方趁機解脫對手擒鎖（圖244～圖247）。

圖 244

圖 245

圖 246

圖 247

　　對手以右腳在前，左手屈肘擒住我方頭頸，用力撐住我方，我方被對手壓迫降低身勢。對手欲撐摔我方，我方右腳踏地，左腳蹬地，左手握拳，猛撐腰，用力擊打對手襠部。對手遭到攻擊鬆脫（圖248～圖251）。

圖 248

圖 249

圖 250

圖 251

　　對手以左腳在前，格鬥中從背後用右手擒住我方頭頸，我方被對手擒住，晃身試圖製造空檔反擊。對手欲擰我方手臂，我方稍右轉身勢，左手屈肘猛撞對手腹肋部，對手因疼痛而放開我方（圖252～圖255）。

圖 252

圖 253

圖 254

圖 255

　　對手以右腳在前，猛撲向我方，兩手緊緊鎖住我方頸部，我方遭到對手攻擊，迅速以右手抓住對手左手，左手成掌，插戳對手眼部。對手被戳而鬆開兩手，我方緊接著兩手抓住對手手臂，右腿提起猛用力頂撞對手襠部或腹部（圖 256～圖 259）。

圖 256

圖 257

圖 258

圖 259

　　對手以左腳在前，撲倒我方，兩手掐鎖我方頸部，並坐壓在我方腰、腿上；我方伸左手抓住對手右臂，右手成掌，猛力戳刺對手眼部。對手疼痛欲躲，我方迅速收回右手擒住對手右手掌指，移翻身體，用力使左手挫對手右肘關節，右手擰折對手右手掌指，猛力翻跌對手，緊接著擒住對手（圖260～圖265）。

圖 260

圖 261

圖 262

圖 263

圖 264

圖 265

對手以右腳在前，絆倒我方後坐壓在我方身上，並用手招鎖我方頸部；我方聳肩移動，身體後縮，使兩腿能迅速屈膝撐地，兩腳猛然用力蹬地掀翻對手。對手被突然翻跌前倒地，我方緊接著擒住對手兩腳（圖 266～圖 271）。

圖 266

圖 267

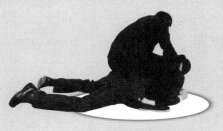

圖 268

圖 269

圖 270

圖 271

三、肩部被抓住解脫

　　對手以左腳在前，抄到我方背後，右手猛抓我方右肩，欲以左手擊打，我方移動樁式，轉身注視對手，未等對手攻擊，猛然揮出左手一記背拳，抽擊對手面部，對手被我方迅速拳擊後鬆脫後退（圖272～圖276）。

圖 272

圖 273

圖 274

圖 275

圖 276

　　對手以右腳在前，從背後猛然以右手抓住我方肩部，我方迅速移動轉身，右手格擋對手右臂，兩腿屈膝換式，左腿抵住對手右腿，右手抓住對手右手背，左手前伸，猛然轉身用力掰撞對手。對手被我方反擒擊倒於地（圖277～圖281）。

圖 277

圖 278

圖 279

圖 280

圖 281

四、胸部被抓解脫

對手以左腳在前，突然左手猛抓我方胸部，欲以右膝頂撞；我方沈著地右手出掌，拍擋對手右膝，左手防護，緊抓對手左手腕部；左手由拍擋而猛擊對手襠部。未等對手還手，左手迅速插捶對手喉頸。對手被擊後傾，我方左手插擊，再出掌，用勁推倒對手（圖282～圖288）。

圖 282

圖 283

圖 284

圖 285

圖 286

圖 287

圖 288

　　對手以右腳在前，突然以右手抓住我方胸部，左手準備出拳擊打；我方迅速移位，左手緊抓對手右手腕，右拳猛擊對手頭部或頸部，緊接著右腳踏入對手後面，右手擊拳時抓住對手右肩。對手欲做動作時，我方擰轉腰髖，猛然將對手摔跌（圖 289～圖 294）。

圖 289

圖 290

圖 291

圖 292

圖 293

圖 294

　　對手以左腳在前移向我方，以右手抓住我方胸部；我
方迅速以右掌擒住對手右手，移動步法並轉身，右手順勢
擒住對手翻轉，左手托住對手右手肘關節用力壓按。對手
被擒前俯身，我方緊接著左腳側踢對手右膝，擊倒對手
（圖 295～圖 300）。

圖 295

圖 296

圖 297

圖 298

圖 299

圖 300

　　對手以右腳在前，以兩手緊抓我方胸部；我方左手防護對手攻擊，並抓住對手右手，右手猛然出拳擊打對手面部。對手被重擊仰身時，我方緊接著屈右肘再撞刺對手頭頸，擊倒對手（圖 301～圖 306）。

圖 301

圖 302

圖 303

圖 304

圖 305

圖 306

五、手臂被擒解脫

對手以左腳在前，突然向前擒抓我方右臂；我方迅速移動轉身，前腳猛踏對手膝關節，對手遭到突然踢擊，因膝關節劇痛而鬆手後退（圖307～圖310）。

圖 307

圖 308

圖 309

圖 310

對手以右腳在前時，我方前手防護、後手攻擊時被對手鎖扣住左手腕關節。我方不等對手用力屈腕擒鎖，順勢扭轉身體，使對手背向自己。對手扣住我方不放，我方緊接著移步用勁，右手屈肘猛擊對手頭部，迫使其離開（圖311～圖315）。

圖 311

圖 312

圖 313

圖 314

圖 315

對手以左腳在前，格鬥中對手追擊擒鎖住我方右臂，反鎖我方右手關節。我方順對手勁力移動，左腳踏地，右腳迅速側踢對手腹部。對手被擊後撤，我方緊接著把握時機，右腳落地，左腳猛提，踢踹對手腹、肋部（圖316～圖321）。

圖 316

圖 317

圖 318

圖 319

圖 320

圖 321

　　對手以右腳在前，抄到我方後側，左手屈扣我方右手腕關節，右手抓肩擒住我方。我方為躲避對手控制，晃動身體，俯身，稍脫離對手空檔，緊接著左腳後撩，快速狠踢對手襠部，擊退對手（圖322～圖326）。

圖 322

圖 323

圖 324

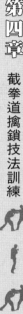

圖 325

圖 326

對手以左腳在前，以右手發動攻擊；我方稍退前腳，待對手靠近，猛抓對手右手腕。對手出左手纏住我方右手腕；我方迅速移動，閃至對手外側，左手擒抓對手右手腕關節，左手向右拉直對手左臂，右手屈折對手右腕，封纏住對手（圖327～圖332）。

圖 327

圖 328

圖 329

圖 330

圖 331

圖 332

對手以右腳在前，快速反抓我方出擊左手；我方欲出左手被擒，可以順著對手反抓勁道上抬手臂，腕、臂屈緊。對手擒住不放，我方被迫屈臂，調整身形，左腳踏地，右腳蹬勁，猛然右手拳擊對手胸、腹，擊退對手（圖333～圖337）。

圖 333

圖 334

圖 335

圖 336

圖 337

對手以左腳在前，兩手迅速抓住我方右手纏住；我方迅速穩固樁式，左手插入對手握緊我方右手之拳頭，兩手屈肘，用力纏對手兩手腕勁力，不等對手動作，我方緊接著右腿支撐，左腿提膝，猛撞對手腹部，迫使對手鬆脫（圖 338～圖 342）。

圖 338

圖 339

圖 340

圖 341

圖 342

169

六、腰部被摟抱解脫

對手以左腳在前，糾纏中從背後抱住我方，令我方不能反擊；我方兩手仍然可以攻擊。對手用力扣緊我方，我方控制重心，腰髖迅速擰轉，左臂屈肘向後猛力擊撞對手面部（圖343～圖347）。

圖 343

圖 344

圖 345

圖 346

圖 347

對手以右腳在前，繞至我方身後，連同我方兩臂一併擒抱住；我方迅速控制身體重心，搖晃身體降低姿勢，猛用力前俯，身體下蹲。對手緊抱不放，我方縮身，兩手擒住對手左腿踝猛拖，髖部用力後坐而擊倒對手（圖348～圖354）。

圖 348

圖 349

圖 350

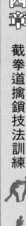

圖 351

圖 352

圖 353

圖 354

對手以左腳在前，前撲抱住我方腰部；我方控制身體重心並向後撤步，左手出掌掐鎖對手後頭頸，右手揮起屈肘下刺對手背部，對手被重創跌趴於地，被迫鬆開我方（圖355～圖359）。

圖 355

圖 356

圖 357

圖 358

圖 359

　　對手以右腳在前，左腳前進，抱住我方腰部；我方收腹屈膝，控制身體重心，左手猛抓對手頭髮，右掌托緊對手頜部，擰翻對手頭、頸。對手仍不放手，我方以左腳支撐，右膝迅速頂撞對手腰、腹，迫使對手停止攻擊（圖360～圖364）。

圖 360

圖 361

圖 362

圖 363

圖 364

七、腿腳被擒解脫

對手以左腳在前時，我方踢擊對手。對手閃躲同時，快速以兩手擒住我方攻擊之右腿。我方迅速前傾靠近對手，兩手猛抓對手用勁拖住，不使對手鬆脫，在拖住對手同時，右腿屈膝回收，猛撞對手腹、肋，對手被膝撞後跌（圖365～圖371）。

圖 365

圖 366

圖 367

圖 368

圖 369

圖 370

圖 371

對手以右腳在前時，我方移位時被對手擒抱住右腿，我方迅速前傾彎腰，兩掌撐地，以預防被對手擒跌倒地。緊接著低頭注視對手，左腳猛然向對手頭部踢擊，對手被擊後退（圖372～圖375）。

圖 372

圖 373

圖 374

圖 375

第五章

截拳道摔跌技法訓練

截拳道摔跌技法與其他類武術流派是有區別的。截拳道摔跌技法不推崇與對手較蠻勁格鬥糾纏，其在實施摔跌技巧時多為以靜制動，順勢摔跌，破壞對手平衡，講究避實就虛，近身摔打。

第一節　實用摔跌技法示例

一、夾頸摔跌

對手以左腳在前，前手虛晃，後手直拳攻擊我方面部；我方上抬左手格擋，同時調整姿勢貼近對手，踏入對手中門，右手夾擒住對手頸部。對手欲掙脫，我方緊夾住對手，屈膝，合腰擰髖，右手用力夾住前拉對手，猛然將對手從背部掀翻跌地（圖376～圖381）。

183

圖 376

圖 377

圖 378

圖 379

圖 380

圖 381

　　對手以左腳在前，上右步，右手揮擊我方，我方左腳踏進，右手抓住對手右腕，左手反夾對手頸部用力後按。對手後傾擺脫被卡頸部，我方乘機擠靠對手，左手用力後按對手，左腳抵住對手右腿，右手同時用力前托，將對手擠跌倒地（圖 382～圖 385）。

圖 382

圖 383

圖 384

圖 385

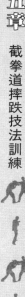

二、抱腰摔跌

　　對手以左腳在前，左手突然揮打我方頭部，我方注視對手，右手迅速格擋對手左臂。對手未收式時，我方左腳踏入對手兩腿空檔，兩手迅速順勢抱住對手腰部，靠近對手。對手收手欲後撤，我方猛力用左腳勾別對手左腿，上身用勁向前擠跌對手，對手被突然攻擊後跌倒地（圖386～圖391）。

圖 386

圖 387

圖 388

圖 389

圖 390

圖 391

三、單腳摔跌

對手以左腳在前，左腿擺踢進攻我方，我方迅速閃至對手右側，出右手抱擒對手左腿。對手欲動，我方快速移動，左腳插入對手支撐右腿後，猛撐轉身體，兩手用力順勢摔跌對手（圖 392～圖 397）。

圖 392

圖 393

圖 394

圖 395

圖 396

圖 397

　　對手以右腳在前，右腳踢擊我方，我方迅速移動以利攻擊，兩手緊托住對手攻擊之右腳。對手用力試圖掙脫，我方緊緊托住對手，兩手用力猛向上托掀，對手失去重心控制，被摔倒地（圖398～圖401）。

圖 398

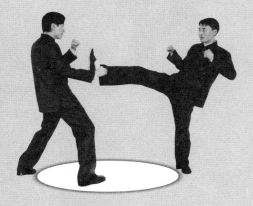

圖 399

圖 400

圖 401

四、雙腳摔跌

對手以左腳在前，揮手擊打我方頭部，我方迅速下潛躲閃，不等對手收手，移步，左腳滑向對手，兩手抱摟住對手膝關節，頭緊擠靠對手腹部，肩同時頂住對手，合腰用力屈肘，猛力使上身前頂對手，兩手猛拖，把對手摔跌仰倒在地（圖402～圖407）。

圖 402

圖 403

圖 404

圖 405

圖 406

圖 407

五、勾踢摔跌

對手以左腳在前，右手揮拳攻打我方，我方移動步法，兩手迅速擒住對手右臂。對手欲擺脫，我方兩手托擒對手反拉，使對手被迫前俯身體，同時不放鬆對手，左腳回踏猛力勾踢對手，把對手勾倒趴地，緊接著屈膝落勢擒住對手（圖408～圖413）。

圖 408

圖 409

圖 410

圖 411

圖 412

圖 413

第二節　實用解脫反擊技法示例

一、解脫夾頸反擊

對手擒夾住我方頸部時，我方迅速控制身體重心，右手出掌緊抓對手右膝，左手抓其肩背，不使自己被對手掀翻身體；緊接著右腿屈膝下蹲，左腳踏地，在鬆脫對手同時，右手抓住對手左手腕，以防對手反擊（圖 414～圖 418）。

圖 414

圖 415

圖 416

圖 417

圖 418

二、解脫抱腰摔反擊

對手欲抄抱我方腰部摔時，我方穩固樁步，左手擒鎖對手頸部，右手緊抓其左臂，適當移步，左腳猛勾對手右腿，右手扳住其左腿，左手迅速換勢推對手胸、頸，令對手向後傾跌倒地（圖 419～圖 422）。

圖 419

圖 420

圖 421

圖 422

三、解脫擒腳摔反擊

對手擒住我方右腳欲用力摔摔，我方屈膝支撐左腿，前躍靠近對手，右腿貼近對手猛然屈膝。對手擒住不放，我方緊接著兩手快速扣住對手頭、頸，身體前傾，快速使右膝猛撞對手胸部，迫使對手後退（圖423～圖429）。

圖 423

圖 424

圖 425

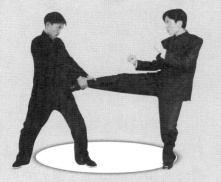

圖 426

圖 427

圖 428

圖 429

　　對手糾纏並左手擒住我方左腿，左腿同時扣緊，我方轉身欲掙脫，對手擒住不放並使我方跌倒，我方前俯身體，右腿屈膝落勢，兩手撐地，未等對手有所回應，右腳向後猛踢對手頭、頸，迫使對手放手（圖430～圖436）。

圖 430

圖 431

圖 432

圖 433

圖 434

圖 435

圖 436

古今養生保健法　強身健體增加身體免疫力

養生保健 系列叢書

1 醫療養生氣功

定價250元

---

3 中國氣功圖譜
定價250元

少林醫療氣功精粹

定價250元

4 龍形實用氣功

定價220元

5 魚戲增視強身氣功

定價220元

7 道家玄牝氣功

定價200元

8 仙家秘傳袪病功

定價160元

少林十大健身功

定價180元

10 中國自控氣功
定價250元

11 醫療防癌氣功
定價250元

12 醫療強身氣功

定價250元

13 醫療點穴氣功

定價250元

14 中國八卦如意功

定價180元

正宗馬禮堂養氣功

定價420元

16 秘傳道家筋經內丹功
定價300元

17 三元開慧功
定價250元

18 防癌治癌新氣功

定價180元

19 禪定與佛家氣功修煉

定價200元

20 顛倒之術

定價360元

簡明氣功辭典

定價360元

22 八卦三合功
定價230元

23 朱砂掌健身養生功

定價250元

24 抗老功

定價230元

25 意氣按穴排濁自療法

定價250元

27 健身袪病小功法

定價200元

張氏太極混元功

定價250元

29 中國璇密功

定價250元

30 中國少林禪密功

定價200元

31 郭林新氣功

定價400元

32 八卦之源與健身養生
定價280元

33 現代原始氣功1

定價400元

國家圖書館出版品預行編目資料

截拳道擒跌技法／舒建臣　編著
　　　——初版，——臺北市，大展，2006〔民95〕
　　　面；21公分，——（截拳道入門；3）
　　　ISBN　957-468-450-4（平裝）

1.拳術－中國

528.97　　　　　　　　　　　　　95002266

【版權所有・翻印必究】

截拳道擒跌技法　　　　ISBN 957-468-450-4

編 著 者／舒 建 臣
責任編輯／張 建 林
發 行 人／蔡 森 明
出 版 者／大展出版社有限公司
社　　 址／台北市北投區（石牌）致遠一路2段12巷1號
電　　 話／（02）28236031・28236033・28233123
傳　　 眞／（02）28272069
郵政劃撥／01669551
網　　 址／www.dah-jaan.com.tw
E－mail／service@dah-jaan.com.tw
登 記 證／局版臺業字第2171號
承 印 者／高星印刷品行
裝　　 訂／建鑫印刷裝訂有限公司
排 版 者／弘益電腦排版有限公司
授 權 者／北京人民體育出版社
初版1刷／2006年（民95年）4月

定　　價／230元

● 本書若有破損、缺頁敬請寄回本社更換 ●

大展好書　好書大展
品嘗好書　冠群可期

大展好書　好書大展
品嘗好書　冠群可期